Rakkauden nälkä

Rakkauden nälkä

Petsku Tanskanen

ISBN: 978-952-33-9688-3
Kustantaja: BoD - Books on Demand, Helsinki, Suomi
Valmistaja: BoD - Books on Demand, Norderstedt, Saksa

Unelmieni uni

Hyvää yötä kultaseni
Uni silmäsi sulkee
Unen mukana
Unen maahan kulje

Kaunista näe
Suloisesti tunne
Sydämeesi sydämeni
Rakkaudella sulje

Sielusi iloitse
Naurusi kuulu
Sydämesi hymyile
Käsi kädessäsi
Aamuaurinkoon kulje

Aurinko aamun
Sut unesta herättää
Sydämesi riemuitsee
Niin voimallisesti tuntee

Uni unelmissasi
Unelmieni unessa.

•

Minä sanoin: Rakastan Sinua.
Sinä vastasit: Kiitos.
Käänsit selkäsi ja katosit auringonlaskuun

•

Särähti sydän rikki
Palasiksi räsähti
Sirpaleissa tyhjyyttä
Sydämessä ei enää mitään

Maailmani mureni
Elämäni synkkeni
Pilvien kultaiset reunat katosi
Pilvissä ei mitään

Anna mulle aikaa
Anna sun rakkautesi
Pelasta mut pimeästä
Korjaa sydämeni

Sinä pystyit
Sinä voit
Sinä olet rakkauteni
Elämäni koit

Annoit mulle
Aurinkomi
Taivaan
Tähdet
Kuun

Hiljaa suljen itseni
Kadoten tähtisumuun

Tyhjene ei kaivo
Kyyneleeni täyttää sen
Kuvasi poistui taulusta
Jäi jäljelle tyhjät kehykset
Hiljainen murheeni ei kuulu
Kaatuvan puun pauhussa
Aurinko kun poistui
Jäi tähdet ja kuu
Unelmat hiipui
Jäi tyhjyys sydämeen

•

Mennyt vuosi päätyi muistojen suureen kirjaan
Alkava vuosikin aikanaan
Oman tiensä löytää
Toivon tämänkin vuoden
Rakkaudelle sydämeesi tien näyttävän
Terveyttä antaen
Sieluusi tyyntä rauhaa tuoden
Kuluvan vuoden toivotuksin

•

En osaa tätä sanoa
Runoksi rustata
En sanaa taivutella
Rakkaudestani kertoa
Tunteistani touhuta
Ei kieli taivu
Suu tarinaa turise
On pää tyhjä
Mut täynnä sydän pikkuinen

Joulun ihme

Tähtitaivas
Tähdenlento
Tontun riemuisa ilme
Huiskaus enkelin siiven
Ystävyyden rakkaus hento

Rientää matkaan enkeli ja tonttu
Hohteessa valkean maan
Kuu matkakaverinaan
Mukanaan kevyet reput
Toiveita pullolleen

Tonttu reppuja raottaa
Enkeli toiveet tähtiin laulaa
Takana ikkunas
Loistaa pikkuinen tähti

Riemua Jouluusi
Iloa sekä terveyttä
Tulevaan vuoteesi ojentaa

•

Ihan hiljaista
Ilman melua
Ei puhetta
Ei puheluita
Ei tuhinaa
Korvaan puhallusta
Ilman haleja
Pieniä pusuja
Sydämen tunteita

Yksinäisen elämää

Anteeksi
Kun minä olen minä
Anteeksi
Kun sinä olet sinä
Anteeksi
Kun olemme yksinäisiä yhdessä

•

Tänään mietin
Miksi eilen itkin
Taas huomennako
Voin huonosti
Silloinkin taas itken
Miksi murehdin vieläkin
Pois menneitä ystäviä
Poistuneita ystävyyksiä
Kadonneita rakkauksia
Omia mokia

Ehkä ensi viikolla
Aurinko paistaa
Ehkä silloin hymyilen
Ehkä elämäni taas loistaa

Ehkä eilen
Ehkä huomenna
Ehkä joskus tulevaisuudessa

Ehkä

Jättäisitkö valot sydämeesi päälle
Jotta pimeässä löytäisin perille

Jättäisitkö päälle loisteesi
Jotta eksyneenä löytäisin viereesi

Jättäisitkö hymysi päälle
Jotta murtuneena löytäisin lohtusi

Jättäisitkö rakkautesi päälle
Jotten luotasi eksyisi heikoille jäille

•

Maalaa musta taulu
Laula musta väritön laulu
Laula se tuuleen
Kuiskaa puun juureen
Päästä se matkaan
Linnun tai perhosen

Etsi värit
Löydä ne
Auringon noususta
Päästä sateenkaaren
Illan saapuessa
Suuresta rakkaudesta

Maalaa musta värikäs laulun taulu

Ukko istuu nuotiolla
Piippu poskella
Sydän karrella
Niin vaikeaa on rakastaa
Haikeampaa olla rakastamatta
Näin pohtii
Tovin tuumaa
Sammui nuotio
Tyhjeni piippu
Hiljaisin mielin jatkaa kulkuaan
Tähdettömän taivaan alla
Kuu ainoana seurana

•

Keltainen kuu
Vieno tuuli
Sinun tuoksusi
Aisteihini kulkeutuu
Aurinko aamun
Liplatus laineen
Enkelten siivet
Sinun rakkautesi
Aamut alkaa
Illat hiipuu
Kuu poistuu
Aurinko nukkuu
Sinun muistoissasi
Minä takaisin tuun

Syksy saapui
Aurinko hiipui
Pimenee yö
Oisin halunnut kertoa rakkaudestani
Ennen viimeistä sadetta

Kohtaamme jälleen viimeisellä rannalla
Saatan sinut taivaan iloon
Kohtaat puhtaan onnen
Suuren rakkauden

Tänään ei surra
Ei murehdita
Nautitaan ystävyydestä
Hiljaisesta ilosta

Sieluni on kuin raunioitunut lato
Ei oo museovirasto sen suojeleva taho
Mistä löytyis remppaaja
Lienee turhan laho
Ei voi korjata
Tuikkaa se palamaan
Vielä kerran komiasti roihuamaan

•

Laantui tuuli
Tyyntyi meri
Aurinko loi sillan pintaan veden
Sieluni kulkee rauhaisasti
Niin lähden
Eteenpäin meen
Kaipaamaan jään vain
Sinua

Sydämeni pehmeydessä
Sieluni avaruudessa
Ajattelen hymyäsi
Silmiesi tähtein loistetta
Sinun suurta sydäntäsi
Herkkää sieluasi

Pääsisinkö uniisi
Sydämesi unelmiin
Elämääsi iloksi
Päiviisi auringon säteeksi
Myrskypilviesi pois puhaltajaksi

Näin sydämeni huokaa
Sieluni palavasti toivoo
Vain minä vaikenen

•

Tulisit lähelleni
Antaisit kertoa
En tekisi sinulle taikoja
Veisi en sinua tähtiin
Tai merenpohjaan
Aarrejahtiin
Antaisi en sinulle maailman timantteja
En suuria kultakasoja
Saisit vain sydämeni
Täynnä rakkautta

Ystävän ojentamat onnellisuuden säteet
Hymysi tuomat rakkauden haaveet
Hellän katseesi sulattamat sydämeni jäät
Jäävät muistoksi sieluusi värisemään

•

Taas heräsin
Tyyny märkänä
Unessa murehdin
Itkin särkyä
Syvää kipua
Yksinäisen ihmisen
Sydämen tyhjyyttä

•

Kävelin merenrannalla
Sateessa ei näy kyyneleet poskella
Merenpauhun läpi katsoin tyhjään sydämeen
Myrskyaallot tasoittaa sieluni tien

•

Pienen sydämen
Suuri tyhjyys
Huutaa hiljaa
Äänetöntä tuskaansa

Ei ole nämä hyvästit
Enemminkin näkemisiin
En mieti menneitä
Murehdi en kaatunutta maitoa
Katselen kohti tulevaisuutta
Odotan vanhoja ja uusia kohtaamisia

Kun nähdään
Niin hymyillään
Kun hymyillään
Niin iloitaan
Jonain päivänä vielä halataan
Silloin muistellaan
Tulevaisuudessa unelmoidaan

•

Mennään retkelle
Melotaan saareen
Poimitaan marjoja
Maistellaan omppuja
Nautitaan viiniä
Anna naurusi kiiriä
Silmiesi säihkyä
Sielusi läikkyä
Anna käsiesi heilua
Lantiosi keinua
Tuulen tukkaasi tuivertaa
Hymyn huuliltasi huokaista
Punan poskiasi kaunistaa

Laita käsi käteeni
Huulesi huuliani vasten

Anna sydänten sykkiä samaan tahtiin

Älä sano ehkä
Vaan ota minut sydämeesi
Empimättä
Tartu siihen lailla myrskytuulen
Ryskäen kuin ukkonen
Salamoita paiskoen
Elä päästä irti
Elä luovu
Elä taivu

Laula minulle laulusi
Naura naurusi
Itke surusi

•

Kerro tarinasi
Anna mun olla sankarisi

Anna minun näyttää sinulle
Tähdet
Auringon
Kukkien kasvun
Kuun sillan
Joen laskun
Perhosen lennon
Leppäkertun hennon
Pyyhin kyyneleesi
Otan syliini
Ihan hiljaa
Ei tarvita sanoja

Valuu kyynel poskelle
Muistelin sinua
Menneitä aikoja
Kuluneita tunteita

Syvästi sinua rakastan
Aika ei vaan ole oikea
Taaskaan

Rakkaus ajattomana
jatkaa kulkuaan
Mut yksinäiseksi jättää
Sydäntäni järkyttää
Sieluni pysäyttää

Hengähdän syvään
Käännän selän alakulolle
Uskon sinuun
Kaikkeen hyvään
Linnun lauluun
Perhosen nauruun

Taas uskallan katsoa peiliin
Ja hymyillä

ORPHAN HOLD DO NOT SHIP

H1-000000000590

ISBN 9789523396883

CLIENT	Alternate Sourcing
STATION	TPP Receiving Station 03
HELD	2026-10-09 14:44

SHELF

If its order arrives, scan this label at a receiving station.

Oltais leikitty mollamaijalla
Järjestetty kahvikestit nukeilla

Oisin ollut supersankarisi
Pelotellut pois mörkösi

Oltais katseltu pilviä pehmeitä
Silitelty lampaita
Naureskeltu kisumisun touhuille
Annettu luita Tessulle

Oltais tehty enkeleitä hankeen
Rakennettu lumiukko porkkananenineen

Oi, jospa oisit ollut
Tulit unessa pehmoisessa
Toiveessa sydämen

Pieni pellavapäinen prinsessa

Niin tänään
Kuin eilen
Ehkä huomenna
Kaukana tulevaisuudessa
Ehkä menneessä
Vanhassa vuosituhannessa

Elämän keväässä
Syksyn saapuessa
Kesän myllerryksessä

Muistathan minut
Ystäväni
Kohtaat sieluni täyden
Pienen suuren sydämen
Otat kiinni
Päästät irti
Jatkat matkaasi
Annat minun unohtaa

•

Enkö sinua palvo?

Rakastan sinua
Suuren suurta sydäntäsi
Kauniita pieniä sanoja
Suuria haleja
Sydämen tykytyksiä
Sielua ravistuttavaa rakkauttasi

Palvonko sinua?

Juhlapäiväsi

Tänään juhlii seuranasi
Aurinko
Tähdet ja kuu
Kedon kukkaset
Viidakon tiikerit
Taivaan linnut
Pikku perhoset
Possut suloiset
Koiran pennut pehmoiset

Kohotan sinulle maljan
Lähetän lahjaksi halin
Pusun poskelle

Riemuiten vietä päivääsi
Lahjoja saaden
Kuohuvaa nauttien
Ystävien seurassa iloiten
Nauraen

Iloista syntymäpäivää

Uneni runon ensimmäinen uni:

Uneni Satu

Matkaa teen yksin
Joskus oon ollut murheellinen
Varmaan oon sitä uudelleen
Olen saanut tuntea ystävyyden
Rakkauden
Olen niin iloinen
Onnellinen.

Kuljen polkujani
Katson pilveä pientä
Kumpikin meistä rientää omaa tietä
Ota kädestä
Anna kun halaan
Tähän uneen jälleen palaan.

En sinusta puhu
En kenellekkään kerro
Olet pieni ystäväni
Suloinen
Hento
Kosketit sydäntäni

Ravistelit sieluani
Jäisit siihen
Niin luulin
Toivoin
Taas tää uni sut pois vei
Unet todellisia satuja.

Sinua hellästi suutelin
Haihduit poutapilviin
Heräsin kyyneleet poskillani
Taas niin ihananjulma uneni.

Uni katosi
Tuli pimeää
Palaa luokseni
Annathan pusun poskelleni
Olethan luonani ikuisesti
Sain hymyn sydämeeni.

Tähän se hiipuu
Päättyy unien satu
Menen kaappiin
Puutarhan tontuksi harmaannuin
Minut kun löydät
Nosta ruusutarhaas
Käännä kasvoni aurinkoon
Mua sydämessäs kanna

Uneni runon toinen uni:

Uneni Enkeli

Enkelin aavistin
Vierelläni hiipien
Siipiään heilutellen
Jatkoi matkaansa
Jätti jälkensä.

Enkelin tuoksun tunsin
Suloisen pehmeän
Ujon
Ohitseni kulki
Taivaisiin katosi.

Enkeli mua kosketti
Hyvin hiljaa hipaisi
Niin hyvältä tuntui se
Lieneekö harhaa
Tiedä en.

Enkelin kuulin
Suloisen laulun
Heleän naurun
Taas sydämeni hypähti
Mua hän rakasti.

Enkelin näin
Vihdoinkin
Voi miten suloinen
Kauniit silmät säihkyen
Katseemme kohtasi pauhuen.

Enkelin kerran kohtasin
Hän lähti
Poistui luokse Jumalien
Enkeliäni kaipailen
Tuuthan joskus takaisin

Uneni runon kolmas uni:

Kulkijan uni

Kerran läksin kulkemaa
Kuu kaverinani
Tähdet seuranani
Yönkosteat kukat kuiskivat runojaan
Pikkulinnut tarinaa

Se tuntui hyvältä
Kovin murheelliselta
Yksin kulkea usvassa
Unessa piinaavassa
Tuossa pimeässä laaksossa

Aurinko nousi
Pimeys katosi
Usva hälveni
Ei ollut enää pelkoa
Sitä suurta surua
Murhetta satuttavaa
Sydämen karrelle polttavaa
Sielua halki repivää

Ehkä avaan silmäni
Ehkä korvatkin
Ehkä Sydämeni
Ehkä se särkyy
Taas
Ehkä sen saa korjattua
Taas
Otan sen riskin
Pysähdyn viereesi
Loppuelämäkseni

Uneni runon neljäs uni:

Uneni Tunteet

Sinut kohtasin
Eilen
Tänään
Huomenna
Sinä katosit
Eilenkin
Tänäänkin
Huomennakin
Tiedän
Kohtaamme jälleen
Ensi vuonna
Joskus kuitenkin
Toivottavasti muistat minut silloin.

Sinut jälleen kohtasin
Riemulla sinuun tutustuin
Taas sieluani kosketit
Sinuun ihastuin
Ei ei ei.

Sinut joskus kohtasin
Ihastuin
Itseni jäädytin
Pakenin
Karkuun menin
Piiloon suureen harmauteen.

Sinuun joskus ihastuin
Pakenin
Piilouiduin
Jälleen sinut kohtasin
Jäätymiseni sulatin
Ystävystyimme vihdoin
Taas sydämeni hymyilee

Prinsessa

Jostain kaukaa
Omenapuun alta
Sillan tuolta puolen
Näin sinut
Kaukaa kohtasin
Maailmain suloisin prinsessa

En eläissäni ole nähnyt kaltaistasi
Noin kaunista
Iki-ihanaa suloutta
Suurta sydämen lämpöä
Sielusta loistavaa iloa
Säkenöiviä silmiäsi
Joissa koko tähtitaivaan kirjo
Kaikkien kukkien ihanaa tuoksua
Toi tuuli luotasi tullessaan

Kaukaa katselin
Ihailin hiljaa
En lähelle tohtisi
Ettet säikähtäisi
Pois karkaisi

Pois hiivin
Hipi hiljaa
Unelmiin jäi
Maailmain prinsessa

Sinisilmä kultakutrini

Vaikka olemme eri aluksissa
Sinä veneessäsi
Minä kanootissani
Olemme silti samalla elämänjoella.

Vaikka kuljemme eri polkuja
Sinä lännessä
Minä etelässä
Kuljemme silti samoja elämänpolkuja

Vaikka rakastamme omilla tahoillamme
Sinä siellä
Minä täällä
Kulkee sydämemme samoja linnunratoja.

•

Ihananjulma uneni

Sinua hellästi suutelin
Haihduit poutapilviin
Heräsin kyyneleet poskillani
Taas niin ihananjulma uneni.

•

Kun sydämeni särkyy
Se hiljalleen paranee
Kun sieluni murtuu
Se ei koskaan palaa ennalleen
Rakkaani
Särjethän sydämeni
Vaan ethän murra sieluani?

Ystävyys

Voi jotta se tuntui
Sielussa
Varpaissa
Notkahtavissa polvissa
Pakaroissa
Kaikissa hampaissa
Kiiltävässä kaljussa
Kaljamahassa

Voi jotta se tuntui
Taivahan linnuissa
Liehuvissa perhosissa
Kedon kukkasissa
Pienessä oravassa
Nauravassa hamsterissa
Kiekuvassa kukossa
Tanssivissa kisuissa

Voi jotta se tuntui
Äärettömässä avaruudessa
Maan ytimessä
Poutapilvissä
Pienen pienessä leppäkertussa
Suuressa valaassa

Oi jotta se tuntuu
Niin syvällä
Minussa

Oi se tuntuu
Ystävyys

Halusin nähdä sinun silmäsi
Näinkin kauniin sielusi
Lämpimän sydämesi

Sydämelläsi minua herkästi kosketit
Sielullasi sieluani tuuppasit
Puhalsit varovasti minut liekkeihin

Ravistit elämäni uomastaan
Rakkauteni sait roihuamaan
Sieluni nostit leijumaan tuuleen
Tuntemaan valtavan huuman

Sydämeeni toit uskon uuden
Lopun elämäni aamuruskon
Iltojeni auringonlaskun
Rakkauden pikkukaskun

Kaiken tämän Sinä teit
Sydämeeni rakkauden veit

•

Syvät haavasi parantaisin
Sydämesi korjaisin

Jos ois mulle suotu se taito
Jos vain pystyisin
Jumalten työt tekisin

Olen vain tässä
Lähelläsi

Sinulle

Sinua niin julmasti satutettiin
Sieluasi vahingoitettiin
Näin murtuneen sydämesi
Tuhansiin sirpaleisiin hajonneen sielusi
Voi
Kunpa osaisin sinua auttaa
Tuskasi poistaa
Kauniin sielusi parantaa

Kaikkeni tekisin
Pahuuden pois puhaltaisin

•

Yön pimeinä hetkinä
Yksin halaan tyynyä
Sydän murtuu
Henki salpautuu
Tyhjänä on täysi mökki

•

Toivoin sinut kohtaavani
Tulevan mukaan elämääni
Tuulesi tuntuvan poskella
Laulun sirkutuksen korvissa
Hymyn näkyvän silmissäsi
Piruettisi sinitaivaalla
Niin paljon oli toiveita

Katsoessani peliin
Näin ison nallekarhun
Pehmeän palleron
Oudon taruolennon

Tyhjeni peilini
Kuva katosi
Ei näkynyt mitään
Ollut ei siellä ketään

Niin kävi sydämelleni
Tyhjäksi valui
Karrelle paloi

Olisi ollut rakkautta tulvillaan
Niin paljon annettavana
Vaan ei ketään sille ottajaa

•

Haavoittunut sydän

Sain sydämeeni haavaan
Sinä sen teit
Et kirveellä
Etkä puukolla
Vaan halilla ja suukolla

Tämä haava ei parannu
Sydämeen se jää
Ei se koskaan katoa
Suloinen tuska jääköön
Hetkistämme muistuttakoon

Kirje minulta minulle

Näin se on
Nuin se menee
Edessä on vähemmän
Kuin on elettyjä päiviä

Nähnyt olen paljon
Kokenut enemmän
Näenkö vielä
Koenko vähemmän

Vieläkö yhden näkisin
Yhäkö kerran kokisin
Sinutko syliini saisin
Toviksi kaiketi

Koskettaisin sydäntäsi
Sieluasi hellisin
Kietoutuisi sielumme yhteen
Laulaisi sydämemme yhteisen sadun

Nuin olisi
Näin menisi

Ystävä…

Olet palomieheni
Sammutat roihuavat lieskani

Olet sairaanhoitajani
Lääkitset minua
Kun itse en osaa

Olet pelastusrenkaani
Pidät minut pinnalla
Kun omat voimani eivät riitä

Olet laivani kapteeni
Ohjaat purteni rauhaisaan poukamaan

Olet kokkini
Ruokit sieluani rakkaudellasi

Olet suojelusenkeliini
Kaitset minun kapeilla poluillani

Olet timantti sydämessäni

Kiitos kun olet

Kun nukut
Lähetä unesi minulle

Kun itket
Lähetä kyyneleesi tuuleen
Tuo se ne perille

Kun naurat
Anna minun tuntea hymysi

Kun murhe sinua painaa
Anna minun maahan ne kaivaa

Kun sydämesi laulaa
Anna minun sydämeni kuulla sinut

Kun nukun
Ota vastaan tarinani

Kun minulla on murheita
Niin pyyhi kyyneleeni

Kun sydämeni tuntee
Tunne minun sydäneni

Minä kun olen minä
Ota minut sellaisena
Kuin olen

Rakkaudella

Pieni on sydämein
Suuri sen rakkaus
Mahtava voimain ponnistus
Rikkoutumisensa parantaen

•

Avasin sydämeni
Päästin sinut sinne
Puhalsit siipiini tuulen
Annoit elämälleni tarkoituksen
Merkityksen suuren

•

Ystävä nauraa kanssani
Ystävä kuulee kyyneleeni
Ystävä tuntee rakkauteni
Ystävä koskettaa sieluani
Ystävä rakastaa sydäntäni
Ystävä antaa olla lähellään
Ystävä ottaa kädestä
Ystävä halaa hellästi
Ystävä hyväksyy mut ystävänä

•

Joskus tuntuu siltä
Yön pimeinä hetkinä
Auringon paisteisina päivinä
Kun ei ole ketään kelle jakaa
Ei ketään kelle antaa
Sydäntä kelle sen lahjoittaa

Joskus tuntuu niin

Yksinäinen rakkaus

Niin paljon sinua rakastin
Kuolemaani asti
Uskon niin
Se tuntui ihanalta
Pakahduin onnesta
Sydän pamppaili riemusta
Sielu suuresta ilosta

Ei ollut minulla siihen lupaa
Ei sallittu sen tapahtua
Ei annettu sille mahdollisuutta

Yksin jatkan matkaani
Yksin kuljen rakkaudessani
Yhteen suuntaan kulki sydämeni
Tyhjänä palasi takaisin
Se satutti minua voimalla
Ravisutti sieluani taifuunin lailla

Kyynelten läpi katson täyttä kuuta
Pieniä tähtiä
En jaksa enää unelmoida
On aikani luopua
Kääntää selkä
Poistua

Tähdenlentoja runon ensimmäinen runo

Tähdenlennon kerran näin
Käveli hän vierelläin
Kultakutri punaposki
Auringonpaiste
Hymyilee tähdet ja kuu

Hän on merenneito
Pikkuinen lintu hento
Kukkanen kedon
Aamunkaste ensi tapaamisen
Viimehetkemme perhosen siivenisku
Huojuva puu
Taipuva ruusu
Simasuu

Ikuinen rakkaus
Loppumaton sielun pauhu
Enkelin suojaamat
Sydämissä rakastuneet
Sieluissaan kietoutuneet

Silmänisku
Viipyilevät suudelmat
Sydänten sykkeet
Yhteinen kävely
Matkamme jatkuu
Vielä taivaassa kohtaamme

Tähdenlentoja runon toinen runo

Olemme tähtiä suuressa avaruudessa
Kiidämme halki taivaan kaaren
Jätämme kirkkaan jäljen taaksemme
Hehkuvain pyrstömme loisteen

Kaikuu rakkautemme valo
Sieluissamme loistaa jumalten laulu
Lennämme yhdessä
Toisiimme kietoutuen
Unelmat yhreen sulautuen

Noustaan lentoon
Valaistaan tummuva taivas
Kohisee tähtiemme riemu
Kaksin lennämme

Vauhtimme joskus hiljenee
Hitaasti matkamme taittuu
Tähtemme hiljaa himmenee
Pois haipuu

Poistuu valomme
Himmenee loisteemme
Ei valaise loisteemme tähtitaivasta
Niin päättyy tähdenlentomme

Jää lentoon rakkautemme laulu
Ikuinen uskomme yhteiseen
Sydäntemme suuruus
Sielujemme karhea puhtaus

Saimme tuntea ystävyyden suuren
Kosmisen rakkauden
Lemmen lämpöisen
Sydänten ja sielujen yhteisen vaelluksen

Leppäkerttu

Istahdan koivunlehdelle
Odotan tuulenpuuskaa
Se vie minut lehtilaivallani
Kohti uutta tarinaa
Liidämme
Leijumme
Perille saavumme

Laskeudun kesäneidon hiuksiin
Erilainen kukka kuin odotin
Kaunis
Sorja
Hento
Hymyssä suin
Laulu huulillaan
Tähdet silmissään

Jatkui matkani
Ei ollu hän mun kukkani
Ihana
Niin ihana
Vaan etsin jotain erilaista

Lensin
Eteenpäin kiisin
Kova oli kiire
Ei määränpäätä
Ei suuntaa
Ei järkeä säntäilyyn

Päättyi lentoni lyhyeen
Ei kukkaseen
Vaan linnun nokkaseen

Mitäkö opin tästä?
Elä kiiruhtamatta
Elä säntäilemättä
Rauhoitu vähän
Joskus ajattele
Pysähdy
Hengähdä

•

Kun menen suihkuun
Kastun ja puhdistun

Kun syön ruokaa
Vatsa täyttyy ja nälkä siirtyy

Kun juon vettä
Jano poistuu ja virkistyn

Kun puen päälle
Keho lämpenee

Kun rakastun
Kaikki menee mahtavasti hyrskyn myrskyn sikinsokin sekaisin

Oispa suloisen ihanaa rakastua!

Ennille

Voi rakas, pikku mussukka
Oot aina minun sielussa
Syvällä sydämessä
Pienissä ajatuksissa

Kun sinut ekan kerran kohtasin
Kiedoit sormesi pikkusormeni ympärille
Sydämeni sydämeesi solmit

Toit elämääni riemun ja naurun
Tähtitaivaan ja rakkauden laulun

Sain kokea sinun varttumisen
Elää kummin rakkauden
Vaikken ollut aina vierelläsi
Aina olit minun sydämessä

Minne tiesi vie
Matkasi rientää
Rukoukseni kanssasi kiertää

Nyt kun elämäsi siirtyy uusille retkille
Tuokoon ne sinulle
Kenkiisi kivaa kopinaa
Puhelimeesi kilkettä ihanaa

Olkoon polkusi täynnä
Rakkautta ja iloa
Terveyttä ja riemua
Hyviä ystäviä
Uusia makuja ja tuoksuja
Sydämeen ja sieluun touhua ja tohinaa

Rakkaudella

Kummisetäsi

Puolikas sydän

Onko sydämeni puoliksi täysi
Vai puoliksi tyhjä

Ei, se ei ole puoliksikaan
Paljon enemmän sinne mahtuis
Enemmän ois sillä annettavaa

Saisinko sen sinulle tarjota
Saisinko sen sinulle lahjoittaa

•

Sun hymy

Sun hymy mut pirstoi
Tuhansiksi palasiksi räjäytti
Miljooniksi tähdiksi lennätti
Pieneksi hiekanjyväksi jähmetti

Sä mut herätit
Sait mut hengittämään
Syvästi tuntemaan
Elämään

•

Eilen olen
Kuin olisin ollut
Tänään olin
Kuin olen kokenut
Huomenna kokisin
Kuin saisin tuntea
Ensi kerralla tunnen
Kuin olisin kokenut
Olevani rakastettu.

Menninkäinen

Ei menninkäinen ole luotu rakkauteen
Yksinäisyyteen ja pimeyteen tie rakennettu on
Sammaltyynylle luolassaan laskee pään
Itkien uneen vaipuu
Unelmoi rakkaudestaan
Ystävästään
Keijusta metsän
Prinsessa kuun
Tähdestä kirkkaimmasta taivaan

Keiju kaunein
Prinsessa uljain
Kirkkain tähti taivaan
Saa sydämen lepattamaan
Hymyn naamalle hiipimään
Hilpeänä heräämään
Toiveikkaana sammalvuoteelta nousemaan
Iloisena tielleen rientämään

Keijuaan kädellään hellästi kantaisi
Prinsessaa miekoin ja sydämin puolustaisi
Kirkkaan tähtensä vierellä hilpeästi lentäisi
Yhdessä riemulla ja rakkaudella eläisi

Ei uni totta ollutkaan
Julmaa unen pilaa
Se menninkäistä satuttaa
Pään rintaan painaa
Olemuksen romahduttaa
Sydämen jälleen särkien

Kivetty menninkäisen tie on poluksi
Yksinäinen elämä saa sydämen tomuksi
Hiljaa katoaa yöhön pimeään

Sammuttaen kynttilän

Menee takaisin luolaansa
Sammalvuoteelle painautuen
Kyynel poskellaan
Toivon unen tulevan
Pumpulimaailmaan minut vievän

•

Aina ei jaksa

Aina ei jaksa hymyillä
Aina ei jaksa olla iloinen
Aina ei vaan jaksa

Silloin haluisin istua vieressäsi laiturin nokassa
Pitää sinua kädestä
Olla ihan vain
Hiljaa

Rakkaani

Saanko sivellä poskeasi
Hiljaa koskettaa sieluasi
Voimalla ravistaa sydäntäsi
Kauniisti kuiskia korvaasi

Saanko viedä sinut tanssiin
Elämän kestävään valssiin
Nostaa sinut taivaan tuuliin
Helliä sinua sydämin ja huulin

Saanhan lempeästi sinua katsoa
Ottaa syliin ja hitaasti halata
Laitathan sydämen sydäntäni vasten
Kuulethan niiden laulun yhteisen

Saanhan antaa sinulle ikuisen onnen
Rakkauteni ja sydämeni ainoan
Saanhan olla lähelläsi sun
Ottaisithan vastaan sieluni ja rakkauteni mun

Toive

Tulisit mun elämään
Otaisit mut sydämees
Sun elämääs

Tarttuisit muhun tiukasti kiinni
Ethän koskaan päästäisi irti
Et antaisi mun kadota
Ethän mua kaivoon pudottais

Antasit mun suhun tutustua
Saisinpa sua rakastaa
Ottaa sua kädestä kii
Sua suudella
Antaisit mun olla sun

Jospa sut joskus kohtaisin
Oi, kunpa tää totta olisi

Maaginen luojani

Sinä puhalsit minut henkiin
Maan tomusta muovasit
Halauksellasi omaksesi teit
Suudelmallasi suutelemisen taidon annoit
Poskellasi poskelleni tunnon loit
Sydämelläsi sydämeeni rakkauden toit

Päästit irti
Lentoon laitoit
Taivaalle riensin
Luo muiden tähtien
Sinne päädyin
Tähdeksi tähtien valoon

En itke
En sure
Olin prinssisi
Sinä minut loit
Olin valosi
Sen minulle soit

Olin tähdenlentosi
Ilon sirpaleesi
Sain hymyn huulillesi
Loisteen sieluusi

Olit maaginen hoitsuni
Mystiikan taitaja
Sielujen parantaja
Sydänten herättäjä

Suuri Rakkauteni

Rakas laululintuni
Kuuntelin laulusi tarinaa
Kaukaisista maista
Niityistä
Puroista
Pienistä kukista
Perhosista
Rakkauden puutarhoista

Olisitpa ottanut minut mukaasi

Hiljaa soi blues

Hiljaa soi päässä blues
Masentaa jo tää alakuloisuus

Pitäis tehdä jotain
Vaan mitä lie
Pitkä on tää sotain
Eessä näkyy vain tyhjä tie

Tässä istun Tokoinrannassa
Katselen ympärilläni onnellisia ihmisiä
Ei jaksais hymyillä
Ei irtoa ilo
Ei naurun riemu

Jos vain kykenis
Jatkais matkaa
Ei vaan pysty kävelee
Ei roppa liikahda
Sydän sykähdä
Turhaan taas eteenpäin raahustaa

Onko mun aika nennä enkelten luo
Luojani kohdata
Nähdä auringonpaiste
Kuulla Jumalten puhe
Kuulla taas tähtien humina
Pilvenreunalla rakkauden laulua

Päässä soi blues
Menipä synkäks elon ihanuus
Tuntuu pahalta
Itku ihanalta
Aurinko paistaa
Niin luulen
Tuskin huomaan sen
Kävelen merenrantaan
Istahdan kivelle
Tuijotan kaukaisuuteen
Sieluni silmin

Matkani jatkuu
Kohti Hakaniemee
Ostan ruusunipun
Annan sen tuntemattomalle
Kera hymyn tarjoan
Nostan hattua
Jatkan matkaa hymyillen

Päätän bluesin
Tungen sen syvälle
On aika tangon
Tai rock'n'rollin
Se tuntuu paremmalle
Onko aika riemun ja ilon
Naurun ja laulun
Rakkauden syvän
Henkeäsalpaavan Pyhän

Ehkä, kukaties
Otan sen riskin

Ei soi päässä blues
Soi tähtitaivaan kauneus

Pieni unelma

Niin se kävi
Nopeasti, yllättäen
Silmänräpäyksessä
Sinut kohtasin
Sinuun ihastuin
Syvästi rakastuin

Sydämeni jyskyttää
Päässä pyörii
En pysty hengittämään
Ei happi kulje
Polvet tutisee
Ääntä en saa
Suu ei puhu

Sydämeni haluaisi tuntea sydämesi
Sieluni sielusi
Suudelmat suudelmasi
Hymyni hymysi
Halaukseni halauksesi
Haluaisin sinut tuntea
Kaikilla aisteilla

Tahtoisin niin tutustua
Suureen sydämeesi
Lämpimään sieluusi
Hurmaavaan hymyysi
Kauniiseen nauruusi
Säkenöiviin silmiisi
Ihaniin hiuksiisi
Kauniisti haluisin sinulle puhua
Kovasti kertoa

Niin paljon tahtoisin
En voi
En tohdi
Ei ole mulla oikeutta
Ei lupaa
Pysyn täällä
Katselen kaukaa
Kuuntelen kauempaa

Sainhan unelmani

•

Puro ja pieni lehti

Istun puron rannalla
Puroa alas soljuu pieni lehti
Se tekee piruetin vienossa pyörteessä
Tanssii sen uurteissa
Hyppii riemulla sen aalloilla

Ohitseni rientää
Hiljalleen kiirehtää
Matkaa kohti tuntematonta
Isoa ja suurta tulevaisuutta
Pientä ja hiljaista

Rakkaus

Kauan sitten kerroin
Kuinka olin yksinäinen
Tulit ja otit sydämeni käteesi
Puhalsit sen eloon
Poistit yksinäisyyteni
Sieluni laitoit värisemään
Syvästi tuntemaan
Sait minut tuntemaan lämpösi
Sait minut tuntemaan ihanuutesi

Sain syyn elää
Tarkoituksen tuntemaan
Kulkea pää pystyssä
Selkä suorana
Rinta rottingilla
Annoit sydämeni lentää
Annoit sieluni laulaa
Annoit luvan rakastaa

Rakkaus ei tunne etäisyyttä
Se on niin lähellä
Se on sydämessäni
Ei ole rakkaudella kotimaata
Se on sielussani

Rakkautesi kantaa
Antaa voimaa
Puhkoo tyhjyyteeni aukkoja
Antaa elämälleni tarkoituksen
Kukkiin tuoksun
Perhosen siipiin värinän
Sydämeeni riemun
Sieluuni pauhun

Silmäsi ovat antaneet tähdille loisteen
Äänesi on antanut linnuille laulun taidon
Sydämesi on antanut rakastamiselle merkityksen
Olet antanut minulle tarkoituksen

Kiitos ystäväni
Kun olet minua varten

•

Kuljen polkujani
Katson pilveä pientä
Kumpikin meistä rientää omaa tietä
Ota kädestä
Anna kun halaan
Tähän uneen jälleen palaan.

•

Myrskytuuli

Kuulin myrskytuulen
Tunsin sen ihollani
Sydämessäni
Syvällä sielussani
Aurinko sen pois vei
Laannutti puhurin
Häivytti pauhun

Jäi sydämen kaipuu

Jäin paikalleni istuman
Miettimään eloani
Mennyttä ja tulevaa
Olen kuin puro
Tai kuin tuo pieni lehti
Poukkoillen pyörteissä
Hyppien aalloilla
Välillä hiljalleen uomassani soljuen
Toisinaan kosken lailla pauhuen
Eteenpäin rynnien

Lailla lehden ja puron teen minäkin
Matkaan kohti tuntematonta
Pelkäämättä
Empimättä
Mitä se tuokin
Otan sen vastaan
Iloiten tai surren
Kaikki aikanaan
Omalla ajallaan
Murheet murehtien
Itkut itkien
Hiljaa yksikseen tai
Ystävälle kuiskien

Ilot iloiten
Hymyt hymyillen
Naurut nauraen
Aina sydämellä
Koko sielullani
Täysillä tuntien
Isosti rakastaen

Sateenkaari

Vettä sataa
Katto vuotaa
Sukat märkänä
Sielu kylmänä
Sydän jäässä

Talvi tuli
Jäätyi maa
Linnut lähti lämpimään
Karhut talviunille
Porot korkealle tunturille

Kevät saapui
Aurinko paistaa
Linnut palaa matkoiltaan
Alkaa vilja kasvamaan

Sateenkaari loistaa
Etsin sen päätä
Sulaako jää
Sieluniko lämpiää

Löysin sen
Päästä oman sateenkaaren
Lämpimän sydämen
Ihanan ihmisen
Se sulatti jään
Poisti kylmyyden

Yhdessä näin kuljemme
Käsi kädessä
Sielut sykkyrässä
Kaksi toistensa sateenkaarta

Tähdenlento

Katso tähtiä
Katso kuuta
Katso tähdenlentoa
Eloa suurta
Ehkä näet mut siellä
Saatan kuun takaa kurkata
Pilven reunalta huiskuttaa
Lähettää terveiset

Pysähty sydämein
Sammui ilon liekki
Loppui elon halu
Ei oo kipu tän arvoinen
Kaipaa en tuskaa
En särkyä sydämen

Kyynel vierii
Sydän murskana
Hiekanjyväsinä hienoina
Sirpaleina pieninä

Matkani jatkuu
Hiljaa eteenpäin soljuu
Katoan puron lailla mereen
Tähtipölynä tähtien joukkoon

Kuin koskaan en olisi ollutkaan
Jalkani koskaan hiekkaan astunut
Jälkeään jättänyt

Käteni vartaloasi hipaissut
Huuleni sua suudellut
Sydän vasten sydäntä pamppaillut

Ryysyläinen

Olinpa iloinen
Surullinen
Murheen murtama
Rakkauden tuulissa liehuva
Kuljet aina mukana

Olinpa rähjäinen
Retkuinen ryysyläinen
Puvussa kulkeva
Kalju kiillotettu
Parta suittu
Oot aina mielessä

Kuljenpa keppikerjäläisenä tai
Rahakkaana ruhtinaana
Olet silloinkin ajatuksissani

Asunpa kaatopaikalla tahi
Upiassa palatsissa
Olet aina mun sydämessä

•

Olet suloisen maukas
Kuin kesän ensimmäinen mansikka

Olet kaunis
Kuin syksyinen tähtitaivas

Olet räiskyvä
Kuin taivaantulet

Saavu sydämeeni
Kuin kevään linnut

Päivänsäde ja kukkanen

Aurinko paistaa
Kiitää päivänsäde
Valko siipi
Kultakutri
Maailmain prinsessa
Liihotti järven yli
Kohti niittyä
Yli lehmien
Pikku possujen

Nautti kukkanen
Auringon lämmöstä
Vienosta tuulesta
Mehiläisen siipien kosketuksesta
Possujen tuoksusta

Kohtasi kultakutri kukkasen
Alkoi tanssi ystävyyden
Sielujen rakkauden
Elämänvoimallaan niityn kukoistukseen herätti
Kukat loistoonsa puhkesi

Kultakutri ja kukkanen
Sytytti kesään rakkauden
Se kesti kesän
Kauniisti kukoisti
Saapui syys
Kukkanen hiipui unilleen
Vaipui hiljaa aloilleen
Hyvästeli kultakutri päivänsäteen
Palaa kotiin
Muista mua
Kun tulee kevät
Täällä ootan sua

Lyhyt oli kesä
Kaunis rakkaus
Tuli syys
Kukka kuihtui
Meni unilleen
Ikinä en sua unohda
Tulee kevät
Kohtaamme taas

Palasi kotiinsa
Päivänsäde kultakutri

•

Silti

Tänään olen hiukan parempi
Tänään olen hiukan vanhempi
Tänään olen hiukan rohkeampi
Tänään olen vähän sielukkaampi
Tänään olen vähän sydämellisempi

Silti tänään näytän samalta
Silti tänään kuulostan samalta
Silti tänään tunnun samalta
Silti tänään tuoksun samalta
Silti tänään tunnen samoin
Silti tänään rakastan yhtä paljon

Mikään ei ole muuttunut
Ainoastaan minä.

Ruusunnuppu

Ruusunnuppu
Sulosuu
Sirkeä sinisilmä
Niin suhun ihastuin

Puhkesit kukkaan
Loistos häikäisi
Sielun valaisi
Toi sydämeen rauhan

Tuu tänne
Istu tähän
Kerro mulle ittestäs vähän

Lantios keinuu
Hiukses heiluu
Istut viereen
Kerrot tarinas

En sitä kuule
En sitä nää
Kuulen vain äänes
Näen vain loistees

Silmäni häikäisit
Korvani kihelmöi
Kuulin sittenkin tarinasi
Myös sun unelmas

Vaikken enää mitään nää
En mitään kuule
Kaikki on hyvin
Sen tunen

Olen aina sun
En muuta tartte
Tarinamme yhteen kietoutuu
Alkaa meidän satumme

Tänään sytytin sinulle kynttilän
Liian aikaisin lensit luokse enkelien
Silloin itkin
Itken nytkin
Vaikka poistuit
Säilyt aina sydämessäni
Ajatuksissani
Uskon
Kun jälleen kohtaamme
Lyömme kättä
Lailla veljesten
Surunkyyneleet ilonkyyneliksi muuttuu
Murheet unohtuu
Iloksi taittuu

•

Ankeena aamuna
Karmessa kankkusessa
Lauletaan balladeja
Sydämet särkeviä
Epävireisinä
Lähdetään eri suuntiin
Koskaan enää tapaamatta
Elämäsi on muualla
Mun täällä
Yksinäisyydessä

Hiljaisena aamuna
Ilman krapulaa
Ei laulua
Ei balladeja
Ei satuja
Epävireisesti
Pitkin äänettömiä katuja
Yksin täällä
Yksinäisyydessä

Kun tartun sinun käteesi
Tunnen kauniin sielusi hyrisevän

Kun tartut minuun
Kosketat sydäntäni

Kun henkäisen korvaasi
Tunnen sydämesi riemun

Kun imaiset korvaani
Polveni notkahtaa

Kun katson syvälle silmiisi
Tunnen tähtitaivaan

Kun näet minut
Oon pehmolelunas

Kun suutelen pehmeitä huuliasi
Tunnen tuntevani sinut

Kun tunnet tuntevasi minut
Olemme yhdessä me

•

Tanssi kera unelmiesi
Laula elämääsi laulu
Tartu hetkeesi
Iloitse ja naura
Et ole koskaan yksin
Olethan aina sydämessäni.

Pysähdy hetkeksi
Hengitä hitaasti
Raukean rauhallisesti
Hymyile taaksesi
Mutkien ja mäkien tuollepuolen
Katso eteenpäin
Kauas taivaanrantaan
Tulevaisuuteen
Ota minut mukaasi
Matkamuistoksi
Elämääsi
Syvälle sydämeesi

•

Kulkematon polku
Kokematon satu
Aamujen ilo
Iltojen suru
Ystävän lämpö
Rakkauden hehku
Käden puristus
Suudelman henkäys
Halauksen mahti
Yhdessä sykkivien sydänten tahti

Pienistä kyyneleistä
Kasvaa elämäni järvi.

Yön hiljaisina tunteina
Yksin olet
Yksinäisen sydämessä

Pikkuinen lintu sylissäsi
Laulaa hiljaa
Hiljaisen laulua

Siinä olet sinä
Suloinen simasuu
Auringonnousu
Tähdet ja kuu

Siinä olemme me
Kaukana toisistamme
Syksyn viimeinen joutsenpari
Erillään rakkaastaan

Siinä olen minä
Pala unelmaa
Toivetta sydämessä Jäljellä vain
Hiljainen lintu
Hiljaisen laulu sydämessäsi

•

Aurinkoiseen aamuun herään
Ajattomat hetket
Siniset sadut
Hiljaiset sydämet
Rakkauden kaiut
Tyhjyyteen illan vaivun

Keinuimme tahtiin Bésame muchon
Kuinka sinua Rakastankaan
Kurkota sydämeeni
Kosketa
Huomaat
Kuinka totta on se

Suudelmin pehmein
Herkin kuiskauksin
Ota minut sydämeesi
Ikuisesti

•

Rikkoutuneen ihmisen
Särkynyt sydän
Hajonnut unelma
Sattuu
Ei itku auta
Ei kyyneleet poskella

Väsyttää
Pää tyynyllä
Ehkä nukahdan
Unimaailma vieköön tuskan

Olet suloisen maukas,
Kuin kesän ensimmäinen mansikka
Olet kaunis,
Kuin syksyinen tähtitaivas
Olet räiskyvä,
Kuin talven revontulet
Olet tervetullut,
Kuin kevään muuttolinnut

•

Kun illan viimeisen runon kirjoitin
Enkelin matkaan sen lähetin
Luoksesi saapui
Sydämeesi päätyi
Jäimme sinne kumpikin
Minä ja runoni

Sinun ensimmäinen suudelmasi
Maistui mansikoilta ja rakkaudelta
Luokseni saapui
Sydämeeni päätyi
Jäivät sinne kumpikin
Sinä ja rakkautesi

Kun yhdessä toisenme kohtasimme
Kokon lailla roihusimme
Rakkauden liekki pauhuen
Hellää lempeyttä tuntien
Luoksenme saapui
Sydämiimme päätyi
Jäimme rakkauteemme iloiten

Anna mulle hetki aikaa
Suo mulle rakkautesi taikaa
Anna lantiosi elämän riemu
Tule lähelleni
Hiljaa keinu
Riemulla liiku
Suudelmasi anna
Lopettamaan ethän koskaan ano
Hiljaa raukeasti nukahda
Pidän sinusta kiinni
Ainiaan

•

Seison harmaan taivaan alla
Odotan rakkauttasi
Sydämesi tarinaa
Herkkää läheisyyttäsi
Sielusi värinää

Ehkä aurinko paistaa
Jonain päivänä
Harmaassa sydämessäni

•

Saavuit illan usvassa
Suutelit hellästi
Rakastit
Haalistuit pois
Aamuauringon ensisäteissä
Veit sydämeni
Usvaneitoni

Minun sydämeni
On kun täyteen puhallettu tyhjä ilmapallo
Hauras kuori
Paljon tyhjyyttä sisällä

Kun se särkyi
Jäi jäljelle
Riekaleita
Tuskaa
ilmaa

•

Kulkematon polku
Kokematon satu
Aamujen ilo
Iltojen suru
Ystävän lämpö
Rakkauden hehku
Käden puristus
Suudelman henkäys
Halauksen mahti
Yhdessä sykkivien sydänten tahti

Pienistä kyyneleistä
Syntyy elämän järvi

Kevätruno 2021

Laulaa sen kevääseen
Ensimmäinen mustarastas
Syksyyn matkaan käyvä joutsenpari

Aistia voit sen tuulissa
Nähdä pilvissä
Pienissä ja suurissa
Lehdissä keväisen koivun
Kedon kukissa
Lehmissä laidunten
Tunturissa Joulupuun

Päästä se sydämeesi
Sieluusi
Kuule minut joka soinnussa
Hiljaisissa
Kuin voimallisissa

Laula se
Kera ystävän
Lailla lintujen
Kedon perhosten
Solisevan puron

Laulu kun loppuu
Rakkaus jatkuu
Sydämeesi päätyköön
Sinä olet ruusupuu
Minä kappale laulua

Jos mua kaipaat
Löydät minut
Rannasta veen
Alta koivupuun
Tähtösistä taivaan
Yöstä kuun
Puhalla kutsusi tuleen
Sydämeesi takaisin tuun

•

Vieraat huoneet

Vieraat huoneet
Elämäni huoneet
Voimani on juoneet
Kestää yksin saa
Kylmää elämää
Yksinäisyyttä särkevää

Vieraat huoneet
Haavekuvat luoneet
Kunnes pois sä lämmön veit
Takatalven maailmaani teit
Sen nään
Koskaan vaikket saapuisikaan
Huoneen nurkkaan oottamaan
Vaiti jään

Voin kulkea ilman ääntä
Sun tarinasi särkee sydäntä

Yksin murheesi kannat
Kedon kukkasille kyyneleesi annat

Yritit urheesti jaksaa
Särkynein sieluin nyt haudassa makaat

Olisin halunnut sua auttaa
Murheesi kantaaa
Sydämesi rauhoittaa

Ehkä en olisi siihen kyennyt
Ehkä olisin itsekkin särkynyt
Vaan mitä siitä
Olithan ystäväni

•

Rakkauden äärellä
Sydämessä pienessä
Viimeisen puron äärellä

Päättyi unohdukseen
Puron pienen kuivumiseen
Rakkaus säkyneeseen sydämeen

Kiitos

Eilen vietettiin suurta juhlaa
Oon saanut itkeä
Oon saanut nauraa

Te kaikki olette mukana sydämessäni Ajatuksissani
Syvällä minussa

Laskin pääni tyynyyn
Levollisin mielin
Lausuin rukouksen
Hiljaisen
Pienen

Kiitos Luojani
Kiitos rakkaistani
Pidä heitä kädestä elon poluilla
Anna heille rakkautesi kuten minulle annoit
Kanna yli vetten
Ohjaa laaksojen läpi
Nosta siivilleen
Anna lentää
Ota syliisi
Lohduta hädän hetkellä
Riemuitse ilon tullessa

Anna minulle viisautta
Ja voimaa
Toimia Sinun tavalla.